....

....

....

....

....

....

....

....

....

....

....

....

....

....

....

....

....

....

....

....

....

....

....

....

....

....

....

....

www.ingramcontent.com/pod-product-compliance
Lightning Source LLC
Chambersburg PA
CBHW052106280426
43661CB00117B/1481/J
* 9 7 8 1 9 5 1 3 7 3 1 5 3 *